Inhalt

Ich-AG

Kernthesen

Beitrag

Fallbeispiele

Weiterführende Literatur

Impressum

Ich-AG

I. Zeilhofer-Ficker

Kernthesen

- Um den hohen Arbeitslosenzahlen in Deutschland zu begegnen, wurde von der Hartz-Kommission die Förderung von sogenannten Ich-AGs angeregt.
- Seit dem 1. Januar 2003 ist ein Förderprogramm in Kraft, das Arbeitslose, die sich selbständig machen und unter 25 000 Euro Gewinn pro Jahr erwirtschaften, drei Jahre lang finanziell unterstützt.
- Obwohl die ersten Ich-AGs bereits existieren, müssen noch viele Detailfragen wie beispielsweise Besteuerung, Altersvorsorge und Scheinselbstständigkeit geklärt werden.
- Die Selbstständigkeit ist aber sicher nicht für jeden der richtige Weg aus der

Arbeitslosigkeit - neben kaufmännischen Kenntnissen braucht es für die erfolgreiche Ich-AG ein hohes Maß an Flexibilität, Selbstmotivation und die Fähigkeit, sich selbst und sein Können zu vermarkten.

Beitrag

Die Ich-AG - der Weg aus der Arbeitslosigkeit?

Die Bundesregierung rechnet für das Jahr 2003 mit durchschnittlich 4,2 Millionen Arbeitslosen in Deutschland. (1) 2003 wurde der höchste Arbeitslosenstand seit Beginn der rot-grünen Regierungszeit gezählt. Man sucht fieberhaft nach Möglichkeiten, die extrem hohe Arbeitslosenzahl zu verringern. (10)

Große Hoffnung setzen manche Arbeitsmarkt-Experten dabei auf die Förderung sogenannter Ich-AGs, das heißt die Unterstützung von Arbeitslosen auf ihrem Weg in die Selbstständigkeit. Die Bundesanstalt für Arbeit geht davon aus, dass 10 000 bis 20 000 Menschen im Jahr 2003 von der Existenzgründerförderung Gebrauch machen werden und hat dafür 140 Millionen Euro bereit gestellt. (11)

Natürlich ist nicht jeder Arbeitslose für die Firmengründung geeignet. Kaufmännische Grundkenntnisse sind neben einem tragfähigen Firmenkonzept ebenso notwendig wie Eigeninitiative, Selbstmotivation und die Fähigkeit der Vermarktung seiner eigenen Kenntnisse und Fertigkeiten. (2)

Unwort des Jahres 2002

Warum die "Ich-AG" von deutschen Sprachschützern zum "Unwort des Jahres 2002" erklärt wurde, ist schwer verständlich. Bringt es doch mit einem kurzen, prägnanten Begriff die Notwendigkeit auf den Punkt, eigenverantwortlich sein Schicksal in die Hand zu nehmen und flexibel auf die Anforderungen des zukünftigen Arbeitsmarktes zu reagieren. (3)

Rührige Geschäftsleute aus dem PR- und Anwaltsbereich haben das längst erkannt: bereits seit einigen Jahren besteht für den Begriff in allen möglichen Schreibweisen und Darstellungsformen sowohl Marken- als auch Titelschutz. (3)

Die Förderung

Seit 1. Januar 2003 wird im Rahmen der Hartz-Gesetze I und II zur Förderung des Arbeitsmarktes ein Existenzgründungszuschuss gewährt. Zuschussberechtigt sind Existenzgründer, die Arbeitslosengeld, Arbeitslosenhilfe oder Unterhaltsgeld bezogen haben oder die im Rahmen einer ABM- oder Strukturanpassungs-Maßnahme beschäftigt waren. (4)

Mit Ausnahme von Familienangehörigen dürfen keine weiteren Arbeitnehmer angestellt werden und das erzielte Arbeitseinkommen bzw. der Gewinn darf pro Jahr nicht mehr als 25 000 Euro betragen. (4)

Sind diese Voraussetzungen erfüllt, so zahlt das Arbeitsamt im ersten Jahr nach der Firmengründung 600 Euro pro Monat, im zweiten Jahr 360 Euro und im dritten Jahr 240 Euro monatlich. Nach 3 Jahren endet die Förderung, da man hofft, dass nach 3 Jahren die neue Existenz auf sicheren Beinen steht. Sollte die Einkommensgrenze im Laufe dieser drei Jahre überschritten werden, muss der in der Vergangenheit gezahlte Zuschuss nicht zurückgezahlt werden. Die Förderanträge müssen allerdings jährlich unter Angabe des Jahresgewinns neu gestellt werden. (4)

Auch für den Versicherungsschutz von Selbstständigen in einer Ich-AG ist gesorgt: die Firmengründer sind in der Rentenversicherung pflichtversichert und auch in den gesetzlichen Schutz der Kranken- und Pflegeversicherung eingegliedert. In die Arbeitslosenversicherung werden die Selbstständigen nicht aufgenommen. Sollte das Geschäft innerhalb von vier Jahren wieder aufgegeben werden müssen, so kann ein früher entstandener (Rest-)Anspruch an Arbeitslosengeld oder Arbeitslosenhilfe geltend gemacht werden. (4), (5)

Mit den oben genannten Hilfen soll das Risiko in den ersten Jahren der Selbstständigkeit gemindert und die Hemmschwelle zur Gründung eines Gewerbes herabgesetzt werden. Es gibt aber noch eine ganze Reihe von anderen Details, die dringend der Klärung durch die Bundesbehörden bedürfen.

Offene Detailfragen

Handwerksbetrieb ohne Meister?

Eher skeptisch blicken die Handwerksverbände auf die Möglichkeiten der Ich-AG. War noch im Sommer

2002 geplant, allen arbeitslosen Handwerkern die Möglichkeit zum selbstständigen Betrieb zu öffnen, wurde diese Entscheidung bis auf weiteres vertagt. Die Hartz-Kommission hatte mit der Forderung nach Lockerung des Inhaberprinzips speziell auf die Reduzierung der Schwarzarbeit abgezielt. Die Handwerksverbände befürchten aber, dass der Billigkonkurrenz aus dem Ausland Tür und Tor geöffnet würde, sollte es auch Handwerksgesellen in Zukunft erlaubt sein, einen Betrieb ohne Meisterbrief oder angestellten Meister zu führen. (6)

Die Initiative der EU, die Öffnung der Märkte für Dienstleistungen voranzutreiben, kommt zur rechten Zeit und setzt das organisierte deutsche Handwerk dahingehend unter Druck, die deutsche Handwerksordnung an die europäischen Verhältnisse anzupassen. (7) Erst wenn die Firmengründung von Handwerkern liberalisiert ist, wird die Förderung der Ich-AGs auch im Handwerkssektor richtig greifen können.

Scheinselbstständig?

Auch die Frage der Scheinselbstständigkeit ist noch nicht endgültig gelöst. Trotz der Entschärfung der Regeln Anfang 2000 gelten Selbstständige, die gewissen Kriterien entsprechen, nach wie vor als scheinselbstständig. Entsprach ein Auftragnehmer einer Reihe von Kriterien, konnte sein Auftraggeber zur Zahlung von Sozialversicherungsbeiträgen herangezogen werden. (8)

Dieser Kriterienkatalog wurde nun aufgehoben. Ein Auftraggeber kann zwar nach wie vor bei einwandfreier Feststellung einer Scheinselbstständigkeit gezwungen sein, Sozialversicherungsbeiträge zu zahlen; bekommt ein Selbständiger aber einen Existenzgründerzuschuss, so ist die Scheinselbstständigkeit damit automatisch ausgeschlossen. Der Zuschuss gilt als Beweis von tatsächlichem, unternehmerischen Handeln. (8), (9)

Da davon auszugehen ist, dass gerade Inhaber einer Ich-AG des Öfteren zeitweise nur für einen Auftraggeber tätig sein werden, ist die Abschaffung des Kriterienkataloges für die Scheinselbstständigkeit ein richtiger Schritt in Richtung Flexibilisierung des Arbeitsmarktes.

Steuervorteile?

Ungeklärt ist bis dato die Frage der Besteuerung von Kleinbetrieben. Vom Bundesfinanzministerium kam der Vorschlag, dass Existenzgründer pauschal 50

Prozent von ihren Einnahmen als Kosten ansetzen können. Da aber gerade in den Anfangsphasen einer Geschäftsgründung mit höheren Kosten als der Hälfte des Umsatzes zu rechnen ist, dürfte diese Möglichkeit relativ wenigen Ich-AGlern von Nutzen sein. (12)

Alterssicherung?

Eine Insolvenz von Selbstständigen bedeutet nicht selten Sozialhilfe im Alter. Um diese Form der Altersarmut zu vermeiden, sind neue Regeln für die Altersvorsorge von Selbstständigen geplant. So sollen beispielsweise Lebensversicherungen oder Immobilien bis zu einem Grenzwert vor der Pfändung geschützt werden, um den Lebensunterhalt des Selbstständigen langfristig zu sichern. (6)

Persönliche Voraussetzungen für die Ich-AG

Ein gehöriges Maß an Selbstvertrauen ist sicher notwendig, wenn man sich für den Weg in die Selbstständigkeit entscheidet. Die Förderungen der Ich-AG tragen aber zumindest die Kosten der sozialen Grundsicherung. Flexibilität ist außerdem dringend erforderlich, um sich auf die wechselnden Anforderungen und Projekte von unterschiedlichen Auftraggebern einzustellen. (2)

Diese Auftraggeber müssen aber erst einmal gefunden werden. Dazu muss jeder Einzelne seine Talente gekonnt entwickeln, darstellen, und vermarkten können. Weiterbildung muss durch diszipliniertes Selbstmanagement mit den diversen Projekten und Aufgaben geplant und in Einklang gebracht werden. (13)

Natürlich braucht jeder Selbstständige - wie angestellte Arbeitnehmer auch - eine gut entwickelte Kommunikationsfähigkeit, Stresstoleranz und genug Selbstvertrauen, immer wieder notwendige Entscheidungen zu treffen. (13) Nicht zuletzt ist es in jeder Firma wichtig, über die Grundlagen der kaufmännischen Geschäftsführung Bescheid zu wissen, auch wenn der bürokratische Aufwand für die Ich-AGs schon merklich reduziert wurde.

Fallbeispiele

Einer der ersten Ich-AGler in Bayern ist Schreinermeister Ralf Kazek, der in Irschenberg für nur 100 Euro Monatsmiete eine Schreinerei übernehmen konnte. Sein Meisterstück hat bereits einen Käufer gefunden und ein Regal ist in Arbeit. Kazek ist überzeugt, dass er mit Hilfe der Existenzgründerförderung die schwierigen ersten Jahre überstehen und bald rentabel arbeiten wird.

Brigitte Grotz machte sich mit Hilfe der Ich-AG-Förderung in Tauberbischofsheim selbstständig. Die Schneiderin hat bereits so viele Aufträge, dass sie für einige Wochen ausgebucht ist. (11), (14)

Die Steuerfachfrau Ersil Kösecik hat sich mit einem Büro-Service-Unternehmen auf eigene Füße gestellt. Fünf Kunden konnte sie bereits gewinnen und mithilfe eines eigenen Büros mit Schaufenster sollen es bald mehr werden. (11)

Adrian Gratzke gründete in Bochum einen Getränkezulieferbetrieb für Gaststätten. Zur Kundenakquisition führt er Verkaufsgespräche in den diversen Bars, Restaurants und Pubs des Ruhrpots und versucht aktiv, auf diese Weise genügend Kunden zu gewinnen, um schon bald auf die Förderung des Arbeitsamtes verzichten zu können. (15)

Weiterführende Literatur

(1) Moritz, Hans-Jürgen, Arbeitslos!, FOCUS, 03.02.2003, Ausgabe: 6, S. 156 - 157
aus Neue Zürcher Zeitung, 06.12.2002, Nr. 284, S. 77

(2) Selbstverantwortung als Zukunftsprinzip Ich-AG. Auf Vorgesetzte, Personalchefs und Förderprogramme ist in Sachen Karriere kein Verlass mehr. Ob selbstständig oder angestellt: Wir alle müssen Unternehmer in eigener Sache werden und unsere Talente bestmöglich vermarkten.
aus Capital vom 23.12.2002, Seite 102

(3) Ich? Oder AG?
aus Frankfurter Allgemeine Zeitung, 22.01.2003, Nr. 18, S. 9

(4) Büser, Wolfgang, Finanzielle Hilfen für die "Ich-AG", Süddeutsche Zeitung, 22.01.2003, Ausgabe Deutschland, S. 20
aus Frankfurter Allgemeine Zeitung, 22.01.2003, Nr. 18, S. 9

(5) "Ich-AG": Breites Interesse an neuem Weg in die Selbstständigkeit, Nassauische Neue Presse vom 01.02.2003, S. 22
aus Frankfurter Allgemeine Zeitung, 22.01.2003, Nr. 18, S. 9

(6) Schlauch plant Steuergeschenk für Kapitalanleger Mittelstandsbeauftragter will private Firmenbeteiligungen fördern " Handwerksordnung wird reformiert " Neuer Pfändungsschutz für Selbstständige
aus FTD Financial Times Deutschland vom 22.01.2003, Seite 11

(7) "Brüssel muß uns wieder die Marktwirtschaft beibringen"
aus Frankfurter Allgemeine Zeitung, 28.01.2003, Nr. 23, S. 19

(8) SPD gibt bei Scheinselbstständigkeit nach Rot-Grün sagt Opposition bei Hartz-Gesprächen Gesetzesänderung zu " Niedriglohnsektor kostet Milliarden
aus FTD Financial Times Deutschland vom 16.12.2002, Seite 11

(9) Zur Sache
aus Frankfurter Allgemeine Zeitung, 11.01.2003, Nr. 9, S. 55

(10) Arbeitsmarkt-Reformen wirken nicht von heute auf morgen
aus Die Welt, Jg. 54, 06.02.2003, Nr. 31, S. 12

(11) Pioniere der Ich-AG
aus Frankfurter Allgemeine Zeitung, 06.02.2003, Nr. 31, S. 13

(12) Kleinunternehmer werden kräftig entlastet
aus Frankfurter Allgemeine Zeitung, 06.01.2003, Nr. 4, S. 11

(13) Was wir in Zukunft können müssen Der persönliche Veränderungsprozess braucht Zeit für die Selbstreflexion: Wie gehen wir mit dem Anpassungsdruck um? Welche Talente brauchen wir? Welche Verhaltensweisen? Das Fazit aus Gesprächen mit Beratern, Trainern und Wissenschaftlern: Sechs Schlüsselkompetenzen.
aus Capital vom 23.12.2002, Seite 108

(14) Scheffbuch, Philipp, Die Selbstständigkeit als letzte Hoffnung - Gründung der ersten Ich-AG im Land - Nur für ehemalige Geringverdiener interessant, Stuttgarter Zeitung, 25.01.2003, S. 13
aus Capital vom 23.12.2002, Seite 108

(15) Rosenfelder, Andreas, Gratzkes Traum, Frankfurter Allgemeine Zeitung, 30.01.2003, Nr. 25, S. 36
aus Capital vom 23.12.2002, Seite 108

Impressum

Ich-AG

Bibliografische Information der deutschen Nationalbibliothek

Die Deutsche Nationalbibliothek verzeichnet diese Publikation in der deutschen Nationalbibliografie; detaillierte bibliografische Daten sind im Internet über http://dnb.d-nb.de abrufbar.

ISBN: 978-3-7379-1158-0

© 2015 GBI-Genios Deutsche Wirtschaftsdatenbank GmbH, Freischützstraße 96, 81927 München, www.genios.de

Alle Rechte vorbehalten. Dieses Werk ist einschließlich aller seiner Teile – z.B. Texte, Tabellen und Grafiken - urheberrechtlich geschützt. Jede Verwertung außerhalb der Grenzen des Urheberrechtsgesetzes bedarf der vorherigen Zustimmung des Verlags. Dies gilt insbesondere auch für auszugsweise Nachdrucke, fotomechanische Vervielfältigungen (Fotokopie/Mikroskopie), Übersetzungen, Auswertungen durch Datenbanken oder ähnliche Einrichtungen und die Einspeicherung und Verarbeitung in elektronischen Systemen.